AURINKOKELLO VIISI

Jouni Paarlahti

AURINKOKELLO VIISI

Tietokirjailijan koottuja runoja

Toimittanut Teemu Paarlahti

Jouni Paarlahti: Aurinkokello viisi
– Tietokirjailijan koottuja runoja

Toimittanut Teemu Paarlahti

Kustantaja: BoD – Books on Demand, Helsinki, Suomi
Valmistaja: BoD – Books on Demand, Norderstedt, Saksa
ISBN: 9789528006329

*"Herra, siunaa tulet, jotka syttyvät,
siunaa sydämet, jotka aina muistavat:
ihminen katoaa mutta
valo jää."*

(Jouni Paarlahti)

"Ajatuksissani hän on. Liekinvaalija."

(Teemu Paarlahti)

Jouni Paarlahden (1936–2020) muistolle

NIIN MINÄ MAA SINUA RAKASTIN

Jos näet taivaalla valkean linnun

Elämänlampi

Lampi, niin lempeä.
Vain Sinua varten,
soutaa, uida, sukeltaa.

Lampi kuin Elämä.
Vain Sinua varten,
nauraa, itkeä, rakastaa.
Iholla elämän tuulet,
silmissä veden välkkeet,
hiuksilla kuura ja pakkanen
kaikki elämän kivut,
laulut, ystävät, kyyneleet.

Tänään kuin peili,
huomenna virettä pinnalla.
Lumpeita, nuottaruohoja.

Elämän sadat kädet
ottavat Sinut syleilyysi,
hellivät jokaista kipeää kohtaa.

Tule! Sukella! Uskalla!
Elämän lampi on lämmin ja sula!

Kutsu

Tule kanssani lännen merelle!
Tule vuonojen viileään tuuleen!
Ota poskiisi auringon kiloa
ja hiuksiisi suolan tuoksua.
Katsele taivaan rantaa tummin silmin:
siellä on nuoruus
siellä on huominen päivä.

Tule kanssani etelän merelle!
Tule laguunin kuumaan tuuleen!
Nosta korvalle näkinkenkä
ja kuuntele meren hiljaisuus,
oman veresi rauhaton souto.
Yöt vaihtuvat rientäen päiviksi
ja päivät mustiksi öiksi.
Elämä, vuodet katoaa
kuin sormilta mainingin vaahto.

Tule kanssani pohjoisen merelle!
Tule mustaan ja valkeaan tyveneen!
Jaksatko elää pitkässä yössä
ja nähdä kanssani valkeat unet?
Jaksatko kantaa pitkän päivän
mustat huolet ja surut?
Jos tulet kanssani, et elä yksin.
Jos menet,
elän yksin
mustat ja valkeat vuodet.

Tule kanssani kauaksi itään!
Tule nousevan auringon maille!
Tiellä sinne löydän kanssasi
joka päivän kuin helmen.
Tule kanssani kauaksi itään!
Siellä on eilinen.
Siellä on vanhuus ja unohdus,
nuo soljet helmien ketjuun.

29.3.1985 Jounin päivänä

Jos näet linnut

Tänään illansuussa
näin kesäni ensi perhoset,
nuo sinisiivet, kultasiivet.
Ne laskeutuivat sormilleni
kun hipaisin viileää kättäsi
kai vahingossa?

Ne nukkuvat kanssani pitkät
kesäiset yöt.
Ne lentävät kanssasi pitkät
haikeat, kuumat päivät.

Tänään illansuussa
syntyivät valkoiset linnut
kun kosketin hiljaa olkaasi
– en enää vahingossa.

Jos näet kesällä sinisiiven
sinua muistellaan.
Jos näet kesällä kultasiiven
sinua syleillään.
Jos näet taivaalla valkean linnun
sinua rakastetaan.

Kesäkuussa 1985

Ota kädestä

Ota minua kädestä nyt elokuussa
    kun kirkon kello lyö hiljaa
    ja suvi kypsyttää peltojen viljaa
    kun lähdemme yhdessä uudelle tielle
    jota emme tunne, vain aavistelemme.

Ota minua kädestä kun eletään
    kovia päiviä, raskaita öitä
    arjen töitä, vähän rauhaa ja lepoa.
    Tehdään ne arkea suuremmiksi
    käsi kädessä sinun, ainoan rakkaan!

Ota kädestä kiinni ja puserra
    sirpaleiksi se väsymys
    joka joskus iskee, kun voimani loppuu.
    Sulata kipuni lämpimin käsin
    ja tunne: vereni virtaa taas!

Ota kädestä kiinni, sen ojennan
    aina kun näen silmäisi riemun.
    Minä haluan osani siitä
    ja kätken sen sisääni
    suojaksi isojen ilojen
    ja pienten kipujen.

Ota minua kädestä talvella
        jos tieni on liukas ja pimeä
        jos näen sellaista mikä ei ole totta
        vain uumoiltu aavistus arkihuolista
        joihin emme usko,
        joita emme yhdessä pelkää

Ota kädestä kiinni, kun on kevät taas.
        Kaikki paha ja harmi oli vain unta. Kaikki ilo
        ja riemu onkin totisinta totta!
        Minä rakastan Sinua ja annan käteni
        johtamaan meitä kohti elomme elokuuta.

Ota kädestäni kukka, jonka ojennan
        kiitoksena rakkaudestasi
        lupauksena kumppanuudestani
        lahjoina toinen toisillemme.

Nyt on

Nyt on aika jolloin
leinikit on kultaiset
ja koivut kuiskii toisillensa:
”Nautitaan yhdessä tämäkin kesä”,

perho oikoo siipiään
ja metso hioo koppelolle:
”Onpahan ihanaa omistaa yhteinen pesä!”

Maa kiittää kyntäjää
ja sade vihmoo varvikoita,
järvet läikkyy, ilma tuoksuu,

purjeet nousee mastoihin
ja lokikirjassa on merkki:
”Jää on poissa. Meri kutsuu.”

Taas on kesä.
Linnun pesä.
Ilma tuoksuu.
Meri kutsuu.
Onni teille.
Kaipuu meille.

26.4.2011

Fado

Valkeassa lumessa
musta
muistuma talvesta
ja sillasta
koskikarasta
katselin
katselit
valkoinen ja musta
on kova viiva
meidän silmämme mittaa
onkohan?
ne on vettä kumpikin
yökin päiväksi vaihtuu
paha hyväksi
joskus
mutta ei ole meidän vallassamme
valkoinen paperi palaa tuhkaksi
ne eivät ole irrallisia
ei paha eikä hyvä
valkea musta
valkoinen tuhka
vain elämän kaksi puolta
riippuvat hauraassa ketjussa
kuin armo ja tuska
kuin tuli ja vesi
toinen toisensa sammuttaa
onko se
vain sen kaiken tarkoitus?
vai ottaa kädestä
ja vaeltaa
mustan ja valkean linnun

ja illan maassa
mitä sanot koskikara?
sinähän meidät
näit.

5.1.1988

Prima vera

1.6.2002

Lumi viipyy vielä tunturissa.
Luotu miettii vielä kevättä.
Virtaisinko, kukkisinko?
Antaisinko lahjan etelälle,
antaisinko sijan auringolle?

Uusi tie, uusi maa!
Tuoksusi kutsuvat minut
salojesi sydämeen.
Äänesi kutsuvat minut
taikojen, toiveiden syliin.

Kuljen polkujasi
sydän täynnä näkyjä.

Tänne on minun yksin
tehtävä polut ja sillat,
valkamat purteni turvaksi,
löydettävä pesälleni paikka.

Itse kestettävä pettymys, suru
ja löydettävä uusi usko.
Ota kädestäni kiinni
jos uskoni loppuu.
Kulje kanssani
elämän seikkailuun.
Sinä katsot silmiini vesiä pitkin.
Tie tänne on sinisenkirkas.
Sinä katsot silmiini vesiä pitkin.

Ota mukaasi pehmeä tuuli!
Sinä kutsut päivääsi kukkia pitkin.
Tuothan linnunsilmän ja lemmikin!
Sinä kutsut silmiisi kukkia pitkin.
Ota mukaasi perhosten tanssi!

Sinä kutsut yöhösi unia pitkin.
Tuothan kasteen ja rastaiden laulun!
Sinä kutsut yöhösi unia pitkin.
Ota mukaasi yhteinen unelma!

Minä soudin syksyn vesiä pitkin.
Näin veneesi lähteneen.
Minä soudin syksyn vesiä pitkin.
Näin liekkien sammuneen.
Tein kalliolle kylmän tulen
ja valvoin sen äärellä yön.
Sydän hyytyi harmaaksi kiveksi
ja vierähti rantaveteen.

Vierähti veteen
askeleen alle.
Askeleen tulla
tai mennä.
Ei jälkeä jää.
Jälkeä ei
siihen jää.

1987

Amor Arcticus

Terra

Aqua

Margarita

Dolorosa

Corvus

Terra

Sammaltyynyllä on linnunsiipi
viilenneitä untuvia -
peite pienen linnunsydämen.
Vain tuulen vire niissä elää.
Hätähuuto kiertää tunturissa:

Näinkö sinä Maa minua rakastit?

Verihelmet kiven kämmenellä
punaisina hyytyviä -
lämpö pienen vasansydämen.
Vain pilven kuvat niissä elää.
Tuskanhuuto kiertää tunturissa:

Näinkö sinä Maa minua rakastit?

Hirret maatuvat ja puinen risti
viileyttä huokuu varjon
musta silmä kukka kulmillaan.
Vain oksan varjo puulla elää.
Yksinäinen sydän hiljaa kysyy:

Näinkö sinä Maa minua rakastit?

Sait nähdä auringon nousuja –
et laskuja milloinkaan

kun kuolema puhkeaa kukkaan
se ei voita milloinkaan.

Niin minä Maa Sinua rakastin.

Aqua

Tumma virta
lanteillansa tummat kivikäädyt,
rantaheinä soittaa tanssirytmit veden kalvoon.
Kuplatiuku helisyttää iltaa alkavaksi.

Hiusten kärjet piirtelevät
auraa veden peiliin.

Silmissäsi kuultaa jäkälä ja ruskosammal,
tumman veden välke kutoo niihin kultalankaa.

Säkenöivä vesihelmi soljuu kämmenselkää
käden huuhdellessa kuumaa poskea ja otsaa,
matkaa nenän vartta, sulaa huulillesi,
hukkuu hampaittesi helmitarhaan.

Sormet kerää suortuvia korvan taakse,
tummia kuin tunturissa talviyö...

Aika kuluu vitkastellen,
niva kutoo vaahtopitsin
kiven kainaloihin.

Kalan polskahdus? Vai airon?

Käsi viipyy veneen kokkapuulla,
syli riuskan aironvedon päässä.

Airo painuu virtaan, lumo särkyy...

Silmäin kohdatessa syntyy silta
yli tumman virran!

Margarita

Margarita
helmihammas
tule siniseen tunturiin!
Juoksemme kiinni
lemmen valkean vasan.

Margarita
helmihammas
tule öisille tulille!

Poimin vitikaulallesi
kyyneleet kylmien vesien
tuhannen simpukan surun

vaskaan kultaa kulmillesi
kiedon nauhan uumillesi
yksinäisen talviöistä
kaipuusta lämpöön ja valoon.

Margareta
helmihammas
tulit auringon keralla!
Silmät silmiin
sormet sormiin
suu suuhun
syli syliin
ilta yöhön
yö kirpeään uuteen aamuun.

21.4.84

Dolorosa

Minä tiedän portaat taivaaseen
suvella siniset
talvella harmaat ja jäiset
raskaat kulkea uupuneen.

Älä ystävä erkane talvella
lähde matkaan tunturin suvella
saat nousta sinisin askelmin
kohti uskoa
toivoa
rakkautta
ja tiesi on merkitty kukkasin.

Kulleron pienoiset auringot
oli aamunkoittoja monta
suopursun kermavat hattarat
oli arjessa suruja, riemuja
sinikellon viesti on kiitollisuus
riekonmarjan kiihko
ja uskollisuus.

Minä tiedän portaat taivaaseen
suvella siniset
helpot kulkea uupuneen.

Heinäkuulla 1981 Nellimössä,
täydennetty 22.4.1984.

Corvus

Tuhat simpukan kuorta
tuhat toivetta särkyi.
Yönmustina korpit.

Tuhat vaskoolin kaartoa
tuhat unelmaa särkyi.
Yönmustina korpit
savunharmaana taivas.

Tuhat syntiä tein
tuhat uskoa särkyi.
Yönmustina korpit
savunharmaana taivas
tuli nuotion sammunut sateeseen.

Tuhat virhettä tein
yhden sydämen särjin.
Yönmustina korpit
savunharmaana taivas
tuli nuotion sammunut sateeseen
tuli sydämen sammunut murheeseen.

Tulethan keväällä takaisin
ja sytytät ne tulet uudelleen?

24.7.1982

Islanti

Räjähtänyt laava

Harmaa punainen turkoosi
rikinkeltainen
kova ja kupliva
vain valkoinen puuttuu -
luomistyön koekenttä.

Parempaako vai huonompaa?
Tuhat vuotta sen sanoo.

Vedät sen ylle sadepilven
harmaan höyrynkeveän peiton.

Mitä luomisessa on salattavaa?

Sekö ettei kaikki ole kaunista?
Kaunistahan on se
minkä näkee
mikä sopii sieluun
mikä sopii silmään
mikä ei käy yli ymmärryksen.

Niin pienet on ihmisen mitat!
Älä niistä välitä, Tor, Jumala,
Jahve, kuka lienetkin!
Luo!

Ne tunturikohokit

Meitä pienempiäkin on!
Keijuja, peikkoja, tonttuja, enkeleitä.
Niihin ei sovi meidän mittamme,
kilot, sentit, tunnit ja barrelit.

Minä kuulin:
keijuilla oli illatsut
ja joku lähti syystä ulos.
Laavakentälle.
Kun ei muutakaan ollut.

Minun keijuni,
en niin tarkoin muista,
-dottir totta kai tai -son
teki mitä tehtävä oli
juhlien lomassa.

Ja aamulla näin kohokin,
punaisen ja valkoisen.
Aamu suuteli sen jokaista solua.
Nätisti. Himoitsematta.

Se oli ihme ja ainutkertainen.
Uskoisinko enää evoluutioon!

Reykjavik

Skandinaavista hörönaurua –
ruotsalaista?

Miksi me kuulumme yhteen,
dottir-son ja me?

Inhottavan siisti se Reykjavik.
Kulleroita, niittukoneita,
aaltopeltisiä koteja –
varmaan hyvin lämpimiä
vaikka mereltä aina tuulee.

Ja sinä dottir!
Mustissasi jo iltapäivällä!
Laavanko kuva halusit olla?

Miksi sitten verhosit somat
pakarasi valkoiseen pitsiin?
Kansallispuku vai?

Sinä hävisit,
lasisilmä ei sinua vangiksi saanut,
mutta odota!

On sinunkin joskus aika
kohdata satu ja elämä.
Vai olivatko pukusi värit
kuin satu ja elämä?

Olen tavannut

kauneimman kudoksen.
Se lojui tunturin kupeella.
Ei intohimoa, ei tuskaa,
ei edes lepoa.
Vain kauneus.
Vihervää, punervaa, ruskeaa, mustaa.
Lämmintä ja yksinkertaista.

Mahtoiko luojasi oivaltaa
että levitti peiton monen tuskan ylle,
monen veren ylle,
monen tuskaisen yön ylle
monen turhan unelman ylle
jotta uusi voisi syntyä,
kasvaa ja nousta ja täyttyä
uuden aamun noustessa
henkeä salpaavaan lentoon?

Lintuvuori

monen lasisen silmän tavoittama,
monen tuntevan silmän sivelemä.

Myrskykiitäjä!
Siipiesi alla ilmaa ja vettä.
En kysy noilta silmiltä.

Miksi haluaisin vangita
sinun lentosi ja meresi,
ja viedä sinut ahtaisiin asuntoihin?

Haluaisin olla omilla siivilläni
ja lentää omien rotkojeni yli,
pelkäämättä.
Ja laskeutua turvallisesti
kielekkeelle ja huutaa:
Tein sen!
Minä sittenkin tein sen!

Haluatko muuttaa historiaa?

Altinget on sopiva paikka.
Jylhä seinämä ja maisema
ja vesi ja kirkko –
tosin uusi ja kristillinen!

Helvetti! Ei kirkollisessa mielessä.
Helvetti!
Tulimeri ja räjähtelevät kivet,
valkeahehkuiset aatteet maan uumenista.

Ei sittenkään.
En halua muuttaa historiaa.
Minä olen niin pieni.
Tyydyn siihen, että historia muuttaa minua.

Tunnetko itsesi unohdetuksi

vaikka kuulut vuokkojen sukuun?

Älä viitsi!
Olet suloinen
olet ihana
olet hömppä
omalla tavallasi!

Valkoiset terälehdet?
Olisit keksinyt jotakin värikkäämpää!

Kaksikymmensenttinen!
Olisit keksinyt jotakin komeampaa!

Et edes tuoksu mantelilta,
et ruusulta, et kielolta,
et myrhalta tai balsamilta.

Kiitos että olet vain oma itsesi.
Hellyttävä lapinvuokko!

Valkoiset

lähes – kaaret kohti taivasta.
Niiden kärjissä täyttymys?
Niin meidät on opetettu ajattelemaan.

Hiljaisuus.
Se on totta, sillä me kuulemme sen.
Ikkunoissa vain Luojan valo,
ei punaista eikä vihreää.

Tor ei pitänyt siitä,
että Kristus nousi Savujen saarelle.
Vieläkin se joskus kaataa kristuspatsaan.

Ne sanovat sitä häiriköksi.

Nesomania

Luoto

Lämmin kivi niin kuin muurin kylki.
Taivaanrannassa on illan viiva
siniviiva
punaviiva
päivän kellossa paljon tunteja.
Lätäköitä kiven koloissa
lintusille
perhosille.
Ruoholaukan varsi notkuu.

Puhaltaako lännestä?
Ei.
Etelästä niin kuin silloinkin!

Luoto
lemmenluoto
punaisessa illansuussa
kaulallansa vaahtokääty
lahjana myrskyisten vesien
niin kuin silloinkin
kun olimme merellä kahden.

Kivi,
olet niin kuin rakkaus.
Olet sileä kuin sinun poskesi
olet rosoinen kuin sinun ihosi
itketyn illan jälkeen.

Sille luodolle tahtoisin takaisin
missä haahkanuntuvainen
kosketti nukkuvia huuliasi
öisen myrskyn jälkeen.

Sille luodolle tahdon takaisin.

31.5.1982
Teksti on kirjoitettu Tampereen
keskussairaalan silmäosaston parvekkeella
yöllä.

Laulu orvokista

Temppeli on tyhjä
urkupillin kylki lämpöisenä.
Temppeli on vaiti
virren kaiku viipyy parven alla.
Pilven kulku häälyttelee verkkaisesti
kynttilöiden savukeilaa.
Porras oikoo selkää hiljaa risahtaen.
Joku pudotti punaisen ruususen
ja lauloi hiukan kai väärinkin –
Se tänään anteeksi annetaan
kun saarilla häitä taas juhlitaan!

Viulusta vinhahti
          minun silmäni silmihis sulaa
sointuja singahti
          pitäis olla kai polskaa?
sahdista mahtia
          poloneesiko soi?
valssihin tahtia
          polkkaakin taidan!
varpaat jo lyövät
          taas tahtia vaihdan!
pullosta tulvahti
          ja huuleni huuliltas mesiä jois
rohkeus hulvahti
          ja huuleni huuliltas mesiä jois!

          Joku tallasi nurmella orvokin
          se kuoli seurassa lemmikin.
          Se tänään anteeksi annetaan
          kun saarilla häitä taas juhlitaan!

Kellojen sunnuntai

Surunkosteita luotoja itkeviä
mustanvalkeita tiiroja kirkuvia
venesaatto
ja yksi on varjoa vailla.

Sen laidat on syntymätummaa puuta
ei ne vaalene veistelemällä.
Lavat verkalleen painuu
veteen haavoja viiltää
ja valuu suolaista verta.
Surukellot soutua tahdittaa.
Meri nousee ja laskee.
Riite rannoilla säihkyy.
On saarilla lokakuun sunnuntai.

        Kuusi yötä minä unetta valvoin
        kädet nyrkissä
        ilman Jumalaa elin.
        Seitsemäntenä minä ymmärsin
        ettei purjeesi enää käänny takaisin.
        Lähden ensi myrskyssä merelle!
        Nostan jokaisen purjeen!
        Jos takila pettää niin uppoan
        jos kestää niin saavutan!

Kultaristeissä sammalta
enkeleitä
kukkakimppuja rakkaille
kuihtuneita
surusaatto
taakka varjoa vailla.

Sen laidat on syntymävalkeaa puuta
ei ne tummene itkemällä.
Maahan verkalleen painuu
sieluun haavoja viiltää
ja itkee suolaista vettä.
Surukellot kulkua tahdittaa.
Riite rinnassa säilyy.
On saarilla kellojen sunnuntai.

Meren silmät

Luodot katselevat tummin silmin
sinertyvään iltaan
punaseitti sitoo länsirantaa
mustaa itärantaa vasten välkkyy valo –
airon lapa heittää auringosta sädekimpun.

Vene kasvaa
kokassa on kukkakimppu
koottu luodon kauneimmista
ympärillä ajatusten hellä nyöri.

Tuuli lennättelee tanssirytmin
pitkin somerta ja santavöitä
ottaa veneen vastaan
johdattelee myöhästyneen
kohti tanssin pyörrettä ja sorinaa.
Ei unohtunut kimppu kokkapuulle.

Soi hiljaa se vanha valssi –
hän muistuttaa niin äitiään –
Soi hiljaa sä vanha valssi!
Kimpun saloja et tiedäkään! Lähdenkö valssille minäkin
ja hyräilen tuon vanhan sävelen?
Vai aukeeko taas vanhat haavat?
Ne olla jo saavat
kun tyttöjä vierelle pelmahtaa
ja vanhaa miestä näin viekoittaa:
"Käy valssille vain, homenokka!"

Ei vaivaksi karheus kämmenen
kun tyttöjen uumille kietoo sen,
jalkakin käy joutuisaksi
ja poskipäät niin punakaksi!

Se johtuu kai iltaruskosta –
tai nuoruuden uskosta!

Lokikirja

Aamu torkahtelee takilassa,
touvi näkee unta tyvenestä.
Vain kastenoron kirkas silmä valvoo –
juoksentelee mutkitellen tervan selkää.
Tuulenvire kurkistelee –
epäröiden yli partaan:
joko tarvitaan
vai uinailenko vielä tovin?

Jo nousee purje.
Jo nostaa ankkuria ketju!

Me lähdimme keltaisin purjein!

Me kuljimme valkoisin purjein
meri sinisenä
taivas pilvetönnä
linnut korkealla päämme päällä.

Me kuljimme tummuvin purjein
kasvot märkinä
silmät kovina
rystyt vaalenneina.
Matkalla itkivät hiljaa
meren keijut ja neidot
kun kuljimme paukkuvin purjein.
Me kuljimme punaisin purjein
pakoon takana tummuvaa yötä
ja laskimme purjeet kun
väsymys uhmamme voitti.

Yö levitti seittinsä raakapuille
ja siirsi meidät
unen tummille maille.
Oli purtemme aamulla poissa.
Me näimme sen kulkevan keltaisin purjein
päin uutta päivää
päin uutta iltaa ja yötä.
Me saarille jäimme.

Autuus on lähteä,
armo on jäädä.
Niin säädetty on.

Kasvot käännettyinä neonvaloauringoista

Bab-El- Mandeb

Katselen kanssasi yli kyynelten portin,
Zabid, Ibb, Jarim, Al-Mukha
kyyhöttävät Jemenin
väreilevillä vuorilla
odottaen sadetta
kiedottuna minareettien
maagiseen sanomaan

Bab-El-Mandeb.
Sinussa sekoittuvat
Punaisen meren veri
Adenin lahden ja
Intian kauppatien muistot
ja Suezin sylkemä nykypäivä.

Bab-El-Mandeb.
Kauneus elää vielä rannoillasi
tulet syttyvät yhä lanteillesi
kun päivä sammuu
ja Venus syttyy.
Tervetuloa yö.

Afrikka, Africa, Afrique, Afrika

Olet kuin suunnaton
sumopainija maapallon merten sinisellä tatamilla.
Ryntäilläsi ei ole mitään mihin tarrata,
ei mitään mistä riuhtaista
ja huojuttaa sinun hirmuisuuttasi.
Irtokivetkin olet melkein kerännyt kupeiltasi.
Noillahan ei paljon kivitetä:
Tenerife, Gran Canaria ja muutamat muut.
Madeira luiskahtaa jo käsistä länteen.
Entäpä Arquipélago de Capo Verde?
Niillähän voisi koettaa,
ainakin Pico de Canon kuumilla kivillä!

Vanha kunnon Fernando Páo ristittiin Biokoksi,
ja lilluu kavereittensa kanssa Guineanlahden
turruttavissa vesissä.
Apuako? Ehkä huomenna - jos silloinkaan.

Cabo Tormentoson ympäri ja äkkiä!
Käynpä kimppuusi selkäpuolelta!
Pahaiset Komorit eivät tiedä katsoako itään vai länteen.
No jääkää rauhaanne. Siispä kohti viimeistä toivoa.
Pemba ei sano mitään, mutta suloinen Sansibar
tuo mieleeni suven helteet.
Enhän henno edes pyytää apuasi.
Kasvattele vain vaniljaasi kieleni ja mieleni iloksi.

Ottelun ratkaisu on lähestymässä.
Sumo on rynninyt jo hyvän aikaa kohti pohjoista,
Eurooppaa.
Välimeren rantojen kivipaiseet ovat jo kauan
pursuneet tulista visvaa lieskat loimuten,
Stromboli, Vesuvius, Etna ja muut.
On vain ajan kysymys milloin aurinkorannat häviävät,
ei ihmisen mitoissa mutta Maan.

Saanet maksaa siitä kuitenkin kovan hinnan!
Kylkesi repeää Suezin lahdelta Sambesin suistoon!
Kuka antaa silloin katastrofiapua?
Minua ei ole, ei Sinuakaan ei edes meitä.
Onko heitäkään?

As Sahra – sinä kellanruskea

kaikkien autiomaitten äiti
5000 x 3000 tuhansin kilometrein –
eihän Sinun kanssasi voi olla pikkutarkka!
lentohiekkaa – erg,
kivikoita ja louhikoita – hammada,
sorakenttiä – reg,
somerokenttiä – serir
sanasto, jolla et tule toimeen ihmisten,
vain itsesi ja hengenveljiesi kanssa.
Ne ovat kuitenkin enemmän kuin
Sahara - sinä kellanruskea.
Ihoasi uurtavat wadit,
jotka jaksavat haistella vuodesta toiseen
vettä haaleansiniseltä taivaalta.
Luojan muutama peukalonjälki
painuu keitaana alemmas kuin meri.
Siellä on vihreys, taatelipalmuja, ihminen ja –
huoltoasema.

Dyynien laet ja painanteet täynnä legendoja:
Tripolista Timbuktuun 1825–6,
Guineasta Timbuktuun 1828,
Tangerista Egyptiin 1845,
autolla Saharan halki 1924...
ja onhan Rommelkin tavallaan legenda,
sen voi ainakin romuilla todistaa.
Dakarin rallarit eivät sentään kuulune joukkoon!

Saharan nattaset, Ahaggar ja Tibesti,
kolmisen kilometriä kumpikin,
(siis nyt pitää olla jo tarkempi!)
Kun meidän jäämme alkoivat sulaa
te näitte huipuiltanne viheriöivän maan,
runsaan riistan ja riistan pyytäjät.
Teidän hautamuistomerkkiinne Tibestin luoliin
on piirretty kaunis kuva menneestä maailmasta.

Tibestin luoliin unohtuneet krokotiilit viestivät siitä
toisin:
vehreys, liike ja kauneus katoavat, mutta me jäämme!

Cabo Tormentoso

Dias, Bartolomeu etunimeltään
näki sinut tiettävästi
ensimmäisenä valkonaamana,
mutta tummatukkaisena, luulisin,
510 vuotta ennen meitä
ja sait kai ansioittesi mukaan nimeksesi
Cabo Tormentoso, Myrskyniemi.
Herrallesi Juhanalle ei se riittänyt.
Hyväntoivonniemi kun luo uskoa
päästä himoitulle Intian merelle,
lähelle kanelia, pippuria ja kalliita kiviä.
Kaksi karavelia, nuo meren vinttikoirat, sen tekivät.
Miehet ruostuivat ruorissa ja takilassa,
ei kuitenkaan Bartolomeu.
Mutta pakko oli palata.
Katkera pala.

Vasco da Gama kulki ohitsesi kaksitoista kertaa,
kaljuunat mahat pullollaan idän ihanuuksia
sotalaivat vanavedessään.
Muitakin ottajia näet oli.
Miehet puukenkineen, britit hevosineen
joivat lännen puolella monta annosta rommia
meren vaahdosta märkinä.
Itään aukeni lempeä ulappa.
Sadat vuodet menivät
Cabo Tormentoso saa yhä uusia vieraita
milloin Pohjolasta, milloin lämpimästä.
Ja on aina nimensä väärti.

Näin sinut viime ja ehkä viimeisen kerran
heinäkuussa A.D. 1998.

Pilvet purjehtivat ylinopeudella taivaan kuvulla
ja sade juoksi mäet mutkitellen.
Olisiko minusta ollut niemen kiertäjäksi?
Minulla on ollut muuta valloitettavaa.

Mademoiselle

Silmissäsi oli hivenen vihreää
jos muistan oikein
ja nilkkasi siro
tuoksu Chanelin
ja korko kevyt kuin Pariisin huhtikuu!
Niin muistelen vanhaa aikaa.

Kymmenen metriä maan alla
hän istui aivan takanani
Saint Denisin linjalla puoleltaöin.
Hänen hiuksensa kosketti hartiaani.
Siinäkö hän - pariisitar?
Niin luulin.
Hän lausui lapselleen sanan
sen murre ei ollut Pariisin jos oikein kuulin.
Madame, tulitko Afrikasta
laukuissasi leimat Marseillesta
juna Lyoniin ja Pariisiin.
Sait laihaa viihdettä metron soittajalta.
Sinun silmissäsi loistaa musta lämmin yö
eivät kovat valot yön Pariisin.

Kymmenen metriä maan alla
menit ohi mustin käsin vaalein kynsin
Stalingradin asemalla
lauloit mennessäsi ranskaa pehmeästi
sydämessä haalentuva muisto Karibian mainingeista.
Sinäkö pariisitar? En enää luullut.

Musta veri sykkii Champs-Elyseellä
huljuu vasten riemukaarta

valuu vieraan historian pyhäköissä
Seinen rantamilla
kasvot käännettyinä neonvaloauringoista
tai kohti
kun valo punaisissa lyhtyvöissä.

Kadut tuoksuvat asfaltille
ja pariisilaiselle aamusateelle.

Seisot Louvren käytävällä
kädessäsi pääsylippu Pariisiin
– niin minäkin.

Mitä teet minun kaupungissani?
Sinäkin.
Niin –minäkin.
Anteeksi – minä lähden huomenna
mutta he eivät.

Mademoiselle
– siksikö katselet niin hätääntynein silmin?

Mutta silmissäsi on hivenen vihreää
ja nilkkasi siro ja tuoksu Chanelin
ja korkosi kevyt kuin Pariisin huhtikuu!

6.10.1984

Kortteja Venetsiasta

Tuo lasi viiniä
sitä ambrankeltaista
missä maistuu Marmoladan rinteen vesi
jossa tuoksuu timjamihunaja
ja auringon paahtama iho
pehmeän sateen jälkeen.

Sen juon sinun kanssasi
takana tummeneva meri
edessä lännen vaskinen hehku.

Meri silmissä
aurinko hiuksilla
niin sinussa kohtaavat meri ja maa
tuntematon tuttuus
vaaran turva.

Suu sana hymy leikkivät
kuin veden kareet palazzojen seinämillä.
Eivät leiki silmät
eikä leiki meri.
Ei koskaan meri.
Olen saanut pestin laivaan.

Lasi ambraa
merelle ja silmillesi
Venetsian illansuussa
kun laiva valmistautuu lähtöön.

Tulen tähän satamaan takaisin.
Sama pöytä kuin tänäänkin?
Tunnen mereni ja silmäsi
silloin paremmin?

17.10.1996 Arlanda klo 22.00

Kivisillä haudoilla hiljaisuus.
Kun tulee ilta
kukat kääntävät katseensa maahan.
Kuljen kumpujen kujilla
mielessäni lempeät ajatukset
lapsista ja äideistä
jotka yksin asuvat kotejansa
käytttävät kauniita ruukkujaan,
metallinkarheita vöitä,
kullalta hohtavia helyjään,
laivojen tuomia,
miesten ryöstämiä,
odottaen isää, veljeä, miestä
mereltä, idän mereltä
vaatteissaan Foinikian verta,
Kreikan, Kreetan ja Kyproksen
verta laivojen keulassa...
Vähitellen tulee vanhuus
ja ehkä myös viisaus
jäädä maihin ja koskettaa,
katsoa taas vaimoa,
poikia ja oudoiksi jääneitä tyttäriä
kovin ja karkein käsin
ja vieraiksi jäänein silmin
ja löytää entinen elämä,
muistaa kotimaan tuoksut,
lieden lämpö ja hiilten hehku.
Ja kukat kääntävät silmänsä valoon
kohti oikeaa ihmistä, oikeaa elämää...
Kivisten hautojen hiljaisuus
on täynnä hiljaista puhetta,

hiljaista laulua lapselle,
laulua raikkaille
uusienkin tulla ja mennä
vuorollaan paasien alle
osaksi ihmisen eloa,
kovaa tai hellää,
tulemista, lähtöä,
surua ja surujen kaipuuta...
Kivisillä haudoilla hiljaisuus,
elävä hiljaisuus.

Walesilainen taulu...laulu

Matka vuorelle, linnalle
suvipäivänä vieraassa maassa
pitkin kanavan vartta
lampaiden lemussa
lyheneviä askeleita
lievää läähätystä
melkein viimeisiä
maan vetovoimahan se vain on
digitalis koettaa lohduttaa
ja onnistuukin siinä

vihreitä maininkeja länteen, itään
rauniot rapisevat neidon askelista
eikä päätä huimaa
ei milloinkaan belliksillä

elämä on näytelmä ilman väliaikaa

sateenkaaren värit joella
yli siltojen
here comes trouble
Cordova, cordova
pianissimossa yöllä
suuren kylän kujilla
carnaby ja kummitukset
räiskäleitä ristin varjossa
melkein väsy ja kyynel
erotaanko ystävinä?

ei silti siipi maassa
happy landing

voitto vaiko tappio
elämähän on vain näytelmä ilman väliaikaa
parasta antaa ruusut nyt
muulloin se on aina myöhäistä
Memories

*Matkakertomus nuorisokuoro Sympaatin
matkalta Walesiin 1994*

Välisoitto illansuussa

Tänä iltana

muistan sinua
jonka lauluja olen laulanut
ilooni ja suruuni
päästäkseni ihmistä lähelle

jonka naurusta olen saanut
jalansijan arjen jyrkille rinteille

jonka kyyneleet ovat
kastelleet kuivat silmäni
paremmin näkeviksi

jonka vehnää olen maistanut
ja elänyt siinä pitkiä päiviä
helteisillä vainioilla

jonka viiniä olen juonut
ja tuntenut vieraan maan lämmön
ja rypäleen makeuden
ja tuntenut mullan maun
sen pisaroissa

jonka lasten olen nähnyt
muuttuvan naisiksi
varttuvan äideiksi
nuorukaisiksi, isiksi
viemään tuntosi
kohti aamuruskoa

jonka kaltaista
ei toista ole
ei tule

Niin on elämä meitä muistanut!

Tampere 17.12.1992

Lumenvalkea maa (joululaulu)

Lumenvalkea maa.
Uusi tähtönen kirkkaana taivaalla,
valot kynttiläin tanssivat ikkunoilla.
Talot saartaa rauha ja hiljaisuus.
Joulunkellojen pehmoinen helinä kutsuu:
Tule Jeesuksen syntymäjuhlaan!

Lumenvalkea maa.
          Tuhkantummia raitoja hangilla.
Uusi tähtönen kirkkaalla taivahalla.
          Emme ehtineet katsetta nostaa.
Valot kynttiläin tanssivat ikkunoilla.
          Tuhat muuta jo kirkkaammin tuikkaa.
Talot saartaa rauha ja hiljaisuus.
          Sydämissämme tuska ja levottomuus.
Joulukellojen pehmoinen helinä hukkuu
teräskielien viiltävään lauluun.

Lumenvalkea maa.
          Jumala maailmaa rakastaa.
          Hän antaa poikansa Jeesuksen
          syntyä lohduksi ihmisten
          kärsiväin, kiireisten sielujen.
Uusi tähtönen kirkkaana taivaalla
valot kynttiläin tanssivat ikkunoilla.
Talot saartaa rauha ja hiljaisuus.
Joulunkellojen pehmoinen helinä kutsuu:
Tule Jeesuksen syntymäjuhlaan!

Unen viipyessä (laulu lapselle)

Ilta saapuu.
Päivän kehrän kultalangat
vaihtuu hopeaan.
Leikit loppuu.
Unten neidot heittää
tummat hunnut ylle maan.
Äidin syliin lapsen mieli halaa,
unen viipyessä
aatos päivään tuokioksi palaa.

Äiti, kerro mistä syntyy valo maailmaan?
Auringoista, tähtivöistä,
puhtaan hangen timanteista,
pienten silmäin tuikkehista
syntyy valo maailmaan.

Äiti, kerro, mistä syntyy suru maailmaan?
Ystävän jos kadottaisit,
rakkauden jos menettäisit,
jos on silmäs kyyneleiset
syntyy suru maailmaan.

Äiti, kerro mistä syntyy viha maailmaan?
Heikompaan jos vahva suuttuu
vääryydeksi valta muuttuu,
sinulta jos sielu puuttuu
syntyy viha maailmaan.

Äiti, kerro mistä syntyy ilo maailmaan?
Sadekuuro poutain jälkeen,
koiran haukku isännälleen,
kun saan sinut kotiin jälleen
syntyy ilo maailmaan.

Ilta tummuu. Päivä uupuu.
Äidin syli lämmin on.
Lamput sammuu. Uni voittaa.
Sydämessä rauha on.

12.2.1985

Aurinko laskee Lakialla

Kuolema elää kanssamme
jokaisen päivän ja jokaisen yön,
se seurailee meitä äidin rinnoilta
nuoruusvuosien uhmaan
ja miehuuden väkeviin päiviin,
taluttaa meidät kohti viimeistä ovea.

Se sivaltaa ympäriltämme risun,
vioittuneen ja sairaan,
se viiltää nupun, kukan, heilimöivän laihon.

Emme voi käsittää, emme hyväksyä
kuolemaa ennen sadonkorjuuta.
Kuolema vain on meitä väkevämpi –

mutta vielä väkevämpi on
parantajista parhain,
aika – Jumalan luomistyön ihana helmi.

18.10.1997

Viimeinen näytös

Näen peilistä kuluneet kasvot
        ne ovat jollakin tavoin tutut
               jollakin tavoin tutut
        ne ovat tutut: omani.
Näen niillä muistoja elämän
        vai ovatko muistoja näytelmän
               viimeisen näytelmän
        jossa pääosa on omani?
Näen peilistä kuluneet kädet
        ne ovat kasvoja paljon tutummat
               kasvoja paljon tutummat
        nekin tunnen, ovat omani.

Mitä sanot, Pietari, näistä käsistä?
Ne ovat haroneet näyttämön ilmaa
ja kysyneet: olla vai ei
ja pyytäneet
ja hellineet
mykkää kauhua ulvoneet
sormin ristejä hyväilleet.
Sano, Pietari, riittääkö harjoitus?
Joko nostetaan esirippu?

Mitä sanot, Pietari, näistä kasvoista?
Syvät juonteet on puroja kyynelten
varjot silmien jälkiä iltojen
ja liian harvojen hymyjen.

Kaikki piilossa valheiden alla.
Kaikki piilossa naamion alla.

Voin tehdä tiliä kasvoistani.
Voin tehdä tiliä käsistäni.
Mutta sydämestäni en tiliä tee,
en ihmisille tiliä tee!
Joko, Pietari, riittää harjoitus?
Joko nostetaan esirippu?

30.5.1982

Aurinko laskee Lakialla hitaasti
sen mukana sammuu päivä
tai kokonainen elämä
ja jättää jälkeensä
hitaasti tummuvan hämärän,
päivän ja elämän surun.

Tuntien, päivien, viikkojen mentyä
alkaa sarastaa uusi aamu niille,
joiden aika on vielä vajaa.
Heidän osansa on täyttää
vielä elämän maljaa
hitaasti ja viisaasti
jotta illalla olisi tyventä
heidänkin lipua auringon myötä
kaipauksen hellään hämärään.

Kerran kuljemme mekin
laillasi Lakian taivaan siniseen saliin,
tuskattomaan,
josta on poissa kipu ja huoli.
On vain Jumalan armo ja hellyys.

Kirkkainkin päivä
hiipuu ruskoksi
sammuu varjoksi,
muuttuu hiljaiseksi yöksi
täynnä rakkauden kaipuuta.

Meille on luvattu
uuden aamun koitto
taivaan tähtitarhassa
ilman varjoja
ilman kipua,
ilman kyyneleitä.

Vain Taivaan rauha
Jumalan kämmenellä
ja ikuinen valo ja elämä.

24.8.2012

Ne palavat

aina
nuo Jumalan keltaiset tulet
mustuvissa holvistoissa.

Ne laulavat aina
nuo kaksi orpoa sydäntä
laulua rakkaudesta
maahan kukkaan
sinuun minuun
meihin.

Ne nukkuvat aina
puiston nurmikolla
sylissänsä hento taimi
vailla lehtiä ja kukkaa.

Ne soittavat aina
nuo tummat rastaat
kaikille rakastaville:
kerää onnesi pieninä siruina
ne on helppoja kantaa pesään
ja kätkeä jos tarvitaan
ja rakentaa rakkaus uudestaan.
Niin soittavat aina
nuo tummat rastaat meille,
rakastaville.

Jumalan tulet

Herra, siunaa tulet, jotka syttyvät,
siunaa sydämet, jotka aina muistavat:
ihminen katoaa mutta
valo jää.

Ensi tulen sytytän niille
jotka tänään syntyvät,
huomenna varttuvat, vanhenevat.
Johdata Herrani heitä!

Toisen tulen sytytän niille
jotka tänään löytävät toisensa.
Jos rakkaus huomenna vaikeroi,
suojele Herrani heitä!

Kolmas tuli syttyköön niille
jotka tänään itkevät
liian varhain menneitä rakkaitaan.
Vasta huomenna puhkeaa suru.
Herra, huolehdi sielusta silloin!

Viime tulen sytytän niille
jotka tänään valvovat tähtemme,
siunaavat huomisen arkisen työn,
aamun, päivän, illan ja yön
sanoin ja hiljaisin rukouksin.
Siunaathan Herrani heitä!

Domine, miserere nobis!

Spinalonga

Tuuli tuoksuu vielä tänään timjamille,
mutta minun aikani on täysi.
Ensi yönä jätän nämä tyhjät kujat,
kuolleen plataanin
ja yksinäisen pinjan.

Ne muistuttavat minua vain päivän,
minun tummentunutta ihoani vain yön
ensimmäiseen sateeseen,
joka pyyhkii minun jälkeni
siniseen mereen.

Illalla sytytän viimeisen kynttiläni
ja panen sen oven ulkopuolelle.
Se ei kestä aamuun saakka.
Kun se sammuu minä lähden
avaamatta ovea tai ikkunaa.

Tuuli tuoksuu vielä tänään timjamille.
Huomenna se pakenee
yli sinisen meren
kukkuloille.
Yö tyyntyy.
Huomenna ei tuule.
Timjami ei saata kuolemaan.

AURINKOKELLO VIISI

Palstakirjan runoja

Mitähän Sapfo sanoisi?

Eirene

Laaksosta
likaisten vesien ääreltä
minä kiipeän sinun luoksesi
Pyhä
Pyhä Eirene.

Tuon sinulle
mustat käteni
mustat kasvoni
mustan tuskani
mustan vihani
mustan sieluni.

Anna minulle valosi
anna valkeutesi
Pyhä
Pyhä Eirene
Sytytä sisälleni liekki
polta kateus
polta ahneus
polta siteeni kaikkeen pahaan
Pyhä
Pyhä Eirene.

Maininki, huuhtele jäljet!
Vain salassa tanssia saa!

Anna sateen valua
tähän poltettuun maahan
jotta minä jälleen kasvaisin
punaisia kukkia ihmisille
taivaan valkeita sinulle
Pyhä
Pyhä Eirene.

Tassula

Pakene vuorille ja piiloudu,
sinä Zorbantytär, tumma!
Arki ajaa sinua takaa ja
pukee sinut harmaaseen, ellet pakene,
sinä Zorbantytär tumma!
Pujahda oliivien silkkisiimekseen
ja pue yllesi maanpunainen viitta.
Tänä iltana tanssimme vuorilla,
sinä Zorbantytär, tumma!

Pakene rannoille ja piiloudu
sinä Zorbantytär, tumma!
Kiedo kaulallesi meren pisaraiset helmet,
lanteillesi pilvien hopeiset varjot,
sinä Zorbantytär, tumma!

Pue yllesi illansininen viitta
ja vaahtojen valkoinen vyö.
Tänä iltana tanssimme rannoilla.
sinä Zorbantytär tumma!

Aamurusko silmäili hymyillen
rannalla nukkuvaa.

18.7.1993 Mytlini eli Levsos

Keulan halkaisema vesi,
tuhansien kuplien äiti!

Miksi kupla viekoittelee valon
muuttaa veden valkoiseksi?
Pitäisikö meidätkin halkaista
vai meidänkö haljeta,
jotta meidän kävisi samoin?

Mitähän Sapfo sanoisi?
Ehkä vain:
purjehditpa syviä tai
matalia vesiä
pirstot jotakin.
Ja aina jää jälkeesi vana,
suora tai kaareva.

Se sulkee hitaasti kuplat
syliinsä ja tyyntyy
liian pahan tai liian hyvän jälkeen.

Ja odottaa uutta myrskyä
tai uutta venettä.

La vie

Hellyttävät kasvot
nuoret ja uudet katsovat maailmaa, joka soi
ei kauniina
ei ystävällisenä
alastomana ja sinisenä
vastasyntyneenä

katsoit sitä sinisin silmin
mustin, vihrein ja ruskein
harmain ja hellien
kosketit kukkaa ja kiveä
kuuta ja polvea
elämän jokaista pintaa
jota silittää hitaasti valssi
ihon pintaa liitävä tango

ihan tyynesti – *tranquillo*

haluat tanssia kaikille
kaduilla ja katoilla
kuutamolla ja poudalla
sanoa yksinkertaisesti
c´est la vie
so ist das Leben

tartu käteeni
tavataan joskus
so ist das Leben
ja syleillään
c´est la vie
so ist...

Tilia cordata

Minä puiston polkuja kuljen,
kun ilta aamun jo kohtaa.
Oksien kärjissä pisarat kiiltää
kuin vasta itketyt kyyneleet.
> Tilia cordata,
> kaunis elämän puu,
> miksi et iloitse?
> Onhan toukokuu!
> Onhan nyt toukokuu!

Minä puiston polkuja kuljen,
kun aamu päiväksi vaihtuu.
Oksien kärjissä sydämet hennot
kuin vasta heräävä rakkaus.
> Tilia cordata,
> kaunis elämän puu,
> kuivaathan kyyneleet?
> Onhan toukokuu!
> Onhan nyt toukokuu!

Minä puiston polkuja kuljen,
kun päivä illaksi painuu.
Oksien kärjistä sydämet särkyy
kuin särkyy ihmisen unelmat.
> Tilia cordata,
> kaunis elämän puu:
> siksi et iloitse
> vaikk´on toukokuu,
> vaikka on toukokuu.

Aurinkokello viisi

Auringon aika – auringon kello.
Välissä päivän ja yön vain kapea raita
rajana levon ja työn.
Onni on ulkona kello viisi
kesällä kello viisi.

Varjot piirtyvät poluille
kuin viisarit kellon
kun astuu piennarta pellon.
Ei tunteja tunne
vain aamun, päivän ja illan
tuon kauniin kaarevan sillan
mun päiväni poikki.
Onnessa ei ole osia
kesällä kello viisi.

Kuuletko sinisen?
Kissankellon vaaleat suonet
ja keltainen kellon kieli.
Kuuletko punaisen?
Tervakon helma on kurttuun mennyt
kun teki tanssia mieli.

Kuuletko keltaisen?
Voikukan tyynyllä mettinen nukkuu
joi illalla nektarit pohjaan.

Kuuletko vihreän?
Nurmikka oikoo kasteista selkää
kun kulkuni niitylle ohjaan.

Nukutko onnesi ohitse?
Harvoin se kyliä kulkee.
Sen tuntee kun aamussa silmänsä sulkee.
Kesällä kello viisi.

*Olli Vehkavaaran säveltämänä kamarikuoro Caménan
levyllä Kesällä kello viisi (1991).*

Laiskurin iltalaulu

Minä odotin sinua illalla
ennen kissankellojen aikaa
kun kuiville lehdille putoili
koivun oksilta mahla kuin viini.
Muurahaisten pesästä kuului
hilpeä laulu ja nauru.
Ilta souteli verkalleen yöhön.

Minä odotin sinua illalla
ennen kissankellojen aikaa
kun paju puki yllensä keltaista
ja teeri suki kulmille punaista.
Hiirenkorvat kuunteli vaiti
kuinka päästäinen lemmestä tuhisi.
Ilta souteli verkalleen yöhön.

Minä odotin sinua illalla
vielä päivänkakkarain aikaan
kun kyyhkyn kurkku on karhea
ja rastaan muoto niin surkea.
Sama kohtalo kumpaakin harmitti:
kilpalaulannan kehnompi voitti!
Ilta souteli verkalleen yöhön.
Tyhjiin haihtui myös iltaiset unelmat,
on aamulla noustava työhön.

En odota sinua illalla
edes ruusunkukkien aikaan
vaikka satakieleksi sanotaan
ja laulusi taikaan uskotaan.
Minä pidänkin kertuista, rastaista,
punatulkuista, naakoista, korpeista...

Silti joskus salaa kuuntelen,
jos sittenkin viidasta kuulisin sen
kun ilta soutelee verkalleen yöhön...

En nousisi arkeen, en työhön!

*"The time of the sun —
the heavenly clock.
Just a narrow streak
between night and day..."*

(käännös: Liisa Paarlahti)

KUN SARKAT PÖYTÄHÄN TUODAAN
Laululyriikkaa

Lysti

Istuin metsässä kannolla kerran.
Tuli rastas. Mä päätin taas kerran
tietää siltä: Mit lysti on?
  Mulle lysti on pehmoinen pesä,
  pihkan tuoksu ja toukat ja kesä.
  Falla-lalla-lalla-laa, falla-lalla-lalla-laa,
  pihkan tuoksu ja toukat ja kesä.

Istuin penkille pultsarin viereen.
Pyysi lantin. Sen annoin ja maksusta
tietää sain, mit lysti on.
  Mulle lysti on auringon tuli,
  meni räntä ja jäätiköt suli.
  Falla---

Näin taannoin puussa mä kollin.
Lemmentuskassa monkaisi mollissa
viestin mulle, mit lysti on.
  Mulle lysti on maaliskuun ilta,
  lankkuaita tai katto tai silta.
  Falla---

Katukahvilan pöytään mä istuin.
Sain juoman ja joukosta ihmisten virran
mä etsin, mit lysti on.
                Tuolle lysti on uusimmat farkut
                noille fordit ja kiiltävät salkut.
                Falla----

Oman kiireeni keskellä kerran
oli aikaa juuri sen verran jotta
mä keksin, mit lysti on:
                Mulle lysti on suukkonen sulta,
                silloin kotiin on ihana tulla.
                Falla---
                Silloin kotiin on niin ihana tulla!

Luonnonvalssi

Taraxacum, Draba, Senecio, Selja!
   Luoja ei loistanut luodessaan sun.
   Mut ollapa Rosa, Linnea tai lilja,
   muotosi, tuoksusi hurmasi mun!
   Näin käy nyt ruususein ja hento liljasein:
   ei hurmaa mua ruusu, ei Linnea, lilja,
   kun bi-o-ke-mi-aa mun täytyy harrastaa.
     Jos Linnéen lailla viel'
     kerran luontoon pääsisin
     kulkemaan, löytäisin kenties
     taas kerran kadonneen
     luonnon ja maan.
N-A-D-H_2 ja kolmikkokoodi,
   Calvinin kierto, ne sielussa soi.
   ATPaasi on suloinen fraasi,
   elämää muuten ei aatella voi!
   Ei huolta, luulen niin, ei tartu cortexiin.
   Ei hurmaa mua Krebsi, ei entsyymiseksi,
   gyn-e-ko-lo-giaa en piittaa painottaa!
     Jos Linnéen lailla viel kerran...

Trisoosit, pentoosit, ketoosit ja suolat:
   sidosten hurmaa ei vastustaa voi.
   Kai arabinoosit, fruktoosit, laktoosit
   suloisin soinnuin sun korvissas soi!
   Ei huolta, luulen niin, ei tartu vaatteisiin.
   Ei hurmaa mua lipidit, argiinit, muut,
   ei sytologiaa voi aina rakastaa!
   Jos Linnéen lailla...

Nuo Sertolin solut sä varmasti tiedät,
    Graafi on tuttu, sen arvasin kai.
    Kun lausutaan Watson tai vasopressiini,
    kumpikin sana sun hurmoksiin sai!
    Ei taida käydä näin, kollega, ystäväin!
    Ei hurmaa mua s-käyrä, ekg-kaan,
    ei genetiikkakaan saa aina nirvanaan!
        Jos Linnéen lailla....

 Nuo sillat, nuo tornit, nuo kirkot ja koulut
    kynämme piirtää ja aivomme luo.
    Ja liikenneverkkoja poikivat kummut,
    figura, mascara markkoja tuo!
    Ei huolta herrasein, ei huolta narrisein.
    Ne maasta on noussut ja maatuvat taas,
    siis e-ko-no-mi-aa on syytä vastustaa!
        Jos Linnéen lailla...

Kun elämän ehtoota kelloni käyvät,
    viimeiset virstat on jäljellä vain,
    kai tapa on tarkistaa jalkojen jäljet,
    katsella taakse mit aittoihin sain!
    Ei huolta siskosein, ei huolta veikkosein.
    Mä maasta oon tullut, siks palajan taas.
    Siis: e-ko-lo-gi-aa mun täytyy tunnustaa!
        Luonnon   poluille lähden
        Linnéen lailla mä kulkemaan.
        Luojan luotujen tähden
        elämä käy kulkuaan.

Kiorjoitettu biologiystäville karonkkailtaan.

Mennään Nattasille

Tuo pikku puronen kirkas niin hilpeästi virtas,
sen pinnalla soi heljät soinnut lähdeveen!
Kun sarkat pöytähän tuodaan, niin purojen muistolle
juodaan.

Siis tuoppiisi tartu, niille maljasi juo!
Hei! Mennään Nattasille, mennään sinitunturille,
missä kirkkaat on vedet niin kuin neidon kyyneleet.
Hei, mennään Nattasille, mennään sinitunturille,
siellä raikkaat on tuulet kuin helmisunnuntai.
Tuo pikku tuulonen raikas se ennen kuivas paitas,
sen keinussa käy lento linnun, perhosten.
Kun sarkat pöytähän tuodaan, niin tuulosen muistolle
juodaan.

Siis tuoppiisi tartu, niille maljasi juo!
Hei! Mennään Nattasille...
On pikku aaltonen hellä, sen tuntee kämmenellä,
ja laineiden lauluja salmet, seljät soi!
Kun sarkat pöytähän tuodaan, niin Ahdin muistolle
juodaan.

Siis tuoppiisi tartu, niille maljasi juo!
Hei! Mennään Nattasille...
On pikku ajatus mulla. Voi olla sama kuin sulla:
On riemuisaa aikaa tuo aika nuoruuden!
Kun sarkat pöytähän tuodaan, tuon ajan muistolle
juodaan.

Siis tuoppiisi tartu, sille maljasi juo!
Hei! Tuhlaa kaikki markkas, heitä pohjaan sakat, sarkkas
Täältä elävänä selviä ei kukaan kuitenkaan!
Ja lähde Nattasille, lähde sinitunturille,
siellä kirkkaat on vedet, raikkaat tuulet, nun-nun-nuu.

Neljä vuodenaikaa

Minä odotan tuoksuja keväisen maan,
sen lauluja, yötöntä yötä,
jos menisi murheet sen myötä.
Enkä muistele aikoja talvisen maan,
 sen hankia, viiltoja viiman,
kun juoksimme pyryssä viiman.
Nuo talven päivät, nuo ihanat päivät,
miksi ne pakenee pois?
Tumma taivas ja tähtien saatto, miksi ne pakenee pois?
Talven päivät, nuo tähdet ja taivas,
miksi ne pakenee pois?
Kysymys sinulle, kysymys minulle:
Minne kiiruhdankaan?

Minä odotan riemuja kesäisen maan,
sen vastoja, sauhuja saunain,
kun lintuset lempivät laulain.
Enkä muistele tuoksuja keväisen maan,
 sen multaa, sen silmujen pihkaa,
kun kätemme tapas vaivihkaa.
Nuo touon päivät, nuo ihanat päivät,
miksi ne pakenee pois?
Mahlan tuoksu ja paljaat varpaat, miksi ne pakenee pois?
Touon päivät, nuo varpaat ja tuoksut,
miksi ne pakenee pois?
Kysymys sinulle, kysymys minulle:
Minne kiiruhdankaan?

Minä odotan iltoja syksyisen maan,
sen kypsyyttä, lyhteiden aikaa,
sen putoovain lehtien taikaa.
Minä unhoitin riemut jo suvisen maan,
sen autereen, auringon himmen,
sen pehmeän posken, sen lemmen.
Nuo suven päivät, nuo ihanat päivät,
miksi ne pakenee pois?
Ruusun tuoksut ja kielot ja kellot, miksi ne pakenee pois?
Kesän päivät, nuo kielot ja kellot,
miksi ne pakenee pois?
Kysymys minulle, kysymys sinulle:
Minne kiiruhdatkaan?

Minä odotan aikoja talvisen maan,
sen tummien varjojen öitä,
sen hankien timanttivöitä.
Minä unhoitin illat jo syksyisen maan,
sen keltaisten lehtien kullan,
sen tummana tuoksuvan mullan.
Nuo syksyn päivät, nuo ihanat päivät,
miksi ne pakenee pois
Viljan tuoksu ja henkäys hallan, miksi ne pakenee pois?
Syksyn päivät, nuo hallat ja viljat,
miksi ne pakenee pois?
Kysymys sinulle, kysymys minulle:
Minne kiiruhdatkaan?

VALIKOITU HETKI
Aikaisemmin julkaisemattomia

Kihlaparille

Kevät ja hanget sulaa!
On onni elää nuoruutta
toiveiden pino kainalossa,
tähyillä yhdessä uusia polkuja
näkemättä kuitenkaan kovin kauas.
Toivoa vain oikeaa elämää
ja ottaa harteille vastuuta
jostakin, joka on vain aavistus
mutta niin ihana kangastus.
ELÄMÄ.

Kevyttä kuin pilven piirto

Kesäkuun puolivälissä
lähellä vuosituhannen loppua
tuulee etelästä.
Ruoholaukka tuoksuu
ja
muistuttaa meitä siitä,
että elämäkin tarvitsee mausteensa.

Kesäkuun puolivälissä
pihlajat kukkivat myöhässä.
Tuulee lounaasta.
Siitepöly tuoksuu
ja tuntuu sieraimissa
muistuttaen meitä siitä,
että ei uutta ilman kahta solua
yhtä suurta ja yhtä pientä
riemulla ja rakkaudella annettua
rakkaudella ja hurmiossa luovutettua.
Niiden salainen kohtaaminen
ehkä syyskuun illassa tai aamussa,
ei tarvitse tietää.
Vain aistia, tuntea, aavistaa.

Yhdeksän kuukautta, vajaa vuosi
vain sadasosa ihmisen elämästä
ja niin paljon jo näkyy Luojan työtä.

Kevyttä kuin pilven piirto etelässä.

Nyt on hyvä purjetuuli.
Yö on valoisa ja lämmin.
Menkää merelle!
Löytäkää oma luotonne!
Ja rakentakaa sinne lämmin koti
kaikille teille,
kaikille ohikulkijoille.
Siis myös meille,
kun meille tulee ikävä.

14.6.1998

Katsoessani itään

Aurinko nousee idästä
huntujen, parfyymien maasta...
Hiljaa heläjävän musiikin
varjoista nousee
itämaan tuoksu
Orientti kutsuu
naisen vartalo kutsuu
silmin hivelemään
tutun tuntemattoman
ihanaa pintaa
somin sanoin
hiljaa kuiskaten
jotka vihuri voi
viedä hietikolle
merelle
suukkona huulilta
rakkaan tutun
ja herätä
pehmeämpään arkeen
ilman anteeksipyyntöä.

Keväällä 2010 katsoessani itään.

Serenadi iholle

Alaston sinä
selkäsi alastomalla kalliolla
auringon serenadi ihollasi
ruskeana kontrapunktina
ajatuksesi mittaavat
kiven ja veden rajaa

toinen ikuinen
toinen vain hetki
isossa ajassa

vaikkakin
niin suloinen
niin raukea

on keskipäivän
yksityisin hetki.

Hiroshima – valikoitu hetki

Isä antaa pojalleen jousen.
Jänteen helinässä soi vanha laulu,
joka tanssittelee palikoita rummun kalvolla
ja hakee sykkeen sydämestä: tasatahtiin!
Pojat rakastavat jousiaan.
Nuorukaiset kiillottavat saappaitaan.
Juhlatamineissa on kaunis kuolla.

Samuraiden miekat säihkyvät tulta, lainaa auringolta.
Hakkapeliittojen töyhdöt hulmuavat
ja tantereella roiskuu veri, multa.
Vaskitorvet soivat ja kalvat katkeavat.

Jos riisut ritarilta rautapaidan,
peitsen, tapparan ja viirin, mitä jää?
Vain luuton nuorukainen,
jonka läpi päivä paistaa.
Ja tuntematon hauta Balkanilla.

Ratsun selkään nousee kasakka ja karjapaimen,
kupeillaan ruoskat, tapporaudat.
Hopeinen kannus painuu ratsun kylkeen.
Veri heidän edestänsä vuodatettu.

Päälliköiden kauloilla on kultaruusut,
istutetut punaiseen tai vihreään.
Juuret imevät verta kaulavaltimoista.
Vanhat miehet marssivat
ja rintapieliä koristavat tapporaidat.
Myös henkipatto viiltää loven aseen perään.

Heinäkuussa neljä viisi
6–5–4–3–2–1 ----
Tarkoin valittu hetki kuolemalle.
Jänne kirpoaa ja sylkee vasaman:
se sattuu.

Uhrilampaiden silmäterät sammuvat,
tuhka maistuu tuhat vuotta kuolemalle.

Lapset saivat lunastetun maan
ja jousen.

Nyt jumalat ovat varmasti puolellamme.

25.7.1985

Rooma – Villa Lante

Sinä ikuiseksi sanottu
ja silti kuolematon
kauniiksi ja rumaksi sanottu
ja silti siedettävä
himmeiden valojen ja kohtuullisuuden kaupunki.
Olet kuin vanha kirjasto:
paljon lehteiltyjä osia
paljon hauraita kansia
risaisia mutta rakkaita
ja puuttuvia lehtiä.

Vanhat kadut kuin railot rutikuivassa maassa
uudet kuin viiltoja vanhan kauniin kirjan kansissa.
Rakennusten ylenpalttiset röyhelöt, helma
laahaavat arjen loassa.
Kirkot mustissa hameissaan
savupilvien pitsit reunoissaan.
Ei niitä huuhtele puhtaiksi viini ei kyyneleet
vain sydän, toisenlainen sydän.
Villa Borghese ja Colosseum
Caracalla ja Capitolinus...
kääntele hellästi kirjasi lehtiä
kuuluuko kumpujen alta enää
menneiden äitien ääni?
Vainajat ruukuissansa itkevät illan tullen
sitä Roomaa, jonka iltojen tullen
valaisi kuu, tähdet ja öljy,
itkevät hiljaisuutta
jota rikkovat kavion kapse ja elävä ääni,
itkevät hiljaisuutta ja rauhaa
joka ei kujillesi enää koskaan palaa.

Kanssanne itkevät ehkä meidänkin sydämemme
meidän arkiset, ahdistuneet sydämemme.
Sydämet, leijukaa Rooman yllä
ja kulkekaa sen kujia viestiä vieden:

Älä kulje enää Via Appiaa
          jos haluat että toivosi elää
Älä katsele tahmeita käsiäsi
          jos haluat että toivosi elää.
Katso illalla Rooman taivasta
ja aamulla sen aurinkojen nousua.
Katso lapsia kaduilla, kujilla.
Katso silmiin kadulla kulkijaa.

Jos hän katseeseesi vastaa
uskon että toivo ja Rooma sittenkin elää!

Lakian taivas on auki

Lakia nukkuu hiljaista odotuksen unta.
Laaja taivas lepää tummana mattona elämän yllä
suojellen kaikkea nukkuvaa.

Kevät avaa Lakian taivaan
soimaan sinistä, ehtoisin purppuraa, punaista.

Avaa ovet vesiin, peltoihin, metsiin.
Elämän liekki lepattaa taas,
kuovi soi, leivonen lentää ja laulaa,
vedet ryntäävät riemuiten äyräitten yli
joutsenten tulla
viestinä uuden kevään, uuden aamun.
Lakian rannaton taivas on taas auki!

TEEMU PAARLAHTI:
PURJE ON LOKISSA

Runoilijan hautaan siunaaminen
Messukylän kirkossa 21.11.2020

"purjehditpa syviä tai
matalia vesiä
pirstot jotakin.
Ja aina jää jälkeesi vana,
suora tai kaareva.

Se sulkee hitaasti kuplat
syliinsä ja tyyntyy
liian pahan tai liian hyvän jälkeen.

Ja odottaa uutta myrskyä
tai uutta venettä."

(Jouni Paarlahti 1993)

Lokakuun viimeinen perjantai Herran vuonna 2020. Kello tulee kolme iltapäivällä. 15.02. puhelimeni soi. Siellä on Elina. Hän sanoo: *"Jouni lopetti juuri hengittämisen."*
Isä oli suuren osan elämäänsä virkamies. Hän oli sitä loppuun asti. Kun oli ehditty perjantain iltapäivään, viikko oli tehty ja aika sulkea kanslia. Elämän käsikirjoitus oli valmis. Vene oli piirtänyt vuosiin vanansa. Veden oli aika sulkea kuplat syliinsä, pinnan tyyntyä ja jäädä odottamaan uusia purjehtijoita. Kirjoittaja löi viimeinen pisteen. Sopi lopettaa. Edessä oli jotakin muuta.
  Keskiviikko pari viikkoa ennen isän kuolemaa, tänä samana Herran vuonna. Saavun vierailulle hoivakotiin. Läsnä olemme isä, Elina ja minä. Olemme miettineet, olisiko mahdollista viettää ehtoollishetki isän kanssa. Isä

on ensin unessa ja ehdin jo ajatella, että ei taida onnistua. Mutta sitten isä herää ja päätämme katsoa, miten hän liittyy mukaan ehtoollisen viettämiseen. Laulamme virren ja aloitan synnintunnustusrukouksen. Isä havahtuu ja laittaa kätensä ristiin. Ehtoollisen ajan hän on aivan eri tavalla läsnä kuin pitkään aikaan ennen sitä tai sen jälkeen. Jaamme Kristuksen ruumiin ja veren, joka on annettu meidän puolestamme. Pyhä on siinä. Hyvyyden voima koskettaa ja hoitaa. Aamun säteet loistavat kuoleman varjossa eläville. Isä on jäänyt minulle monessa tuntemattomaksi – ja minä hänelle. Toista ihmistä tuntee aina vähemmän kuin luulee. Mutta tuossa hetkessä olemme tuttuja. Niin tuttuja kuin ihmiset voivat toisilleen olla.

Isä kirjoitti aikoinaan myös säveltämässään *Luonnonvalssissa: "Kun elämän ehtoota kelloni käyvät, viimeiset virstat on jäljellä vain, kai tapa on tarkistaa jalkojen jäljet, katsella taakse mit aittoihin sain! Ei huolta siskosein, ei huolta veikkosein. Mä maasta oon tullut, siks palajan taas. Siis e-ko-lo-gi-aa mun täytyy tunnustaa!"*

Kukaan, joka on saanut syntyä, ei vältä kuolemaa. Kaikella elävällä on kaarensa, meidän jokaisen käyttöliittymä käy jossain kohdin toimimattomaksi. On aika, jolloin ihminen arvioi, mitä on saavuttanut elämässä ja mitä aittoihin on kertynyt. Yhtä lailla hän käy läpi sitä, mitä on kulkiessaan pirstonut, mihin kohtiin kirjoja on jäänyt typoja ja muuten karheaa tekstiä. Ja sitten se aika on ohi. Sitten ei olekaan enää niin tärkeää, mitä on saanut kasattua. Lopulta minulta ei kysytä ehjää kuvaa, puhtaaksi kirjoitettua tarinaa. Voin sanoa: Herran vuosia ne ovat olleet kaikki.

Isän omin sanoin:

*"Kerran kuljemme mekin
laillasi Lakian taivaan siniseen saliin,
tuskattomaan,
josta on poissa kipu ja huoli.
On vain Jumalan armo ja hellyys."*

Ihmisen on tunnustettava *e-ko-lo-gi-aa.* Ihminen on ihminen, mutta Kristus on Kristus. Tuossa ehtoollishetkessä tajuan, että isä on menossa Lakian taivaan siniseen saliin. Kauhajoen poika lähtee kotiin. Runo tulee lihaksi, on vain Jumalan armo ja hellyys.
"Minä odotan riemuja kesäisen maan, sen vastoja, sauhuja saunain, kun lintuset lempivät laulain." Jokin kuva isällä on ollut silmissään sanoja kirjoittaessaan. Riekkoniemen mökkiranta Kuorevedellä, taivaan ranta. Ne olivat hänen ajatuksissaan luultavasti lähellä toisiaan.
Tietämään meistä ei ole. Nähdään vaikka runon kuvin. Ajattelen, että siellä he ovat – veljekset Kimmo, Jouni ja Heikki, on Ulla-sisko, isä-Yrjö ja äiti-Aili ja keitä meidän klaanista sinne on jo ennättänyt. Sauna lämpiää, laulu soi ja äänet pysyvät nuotissa. Heikki seuraa naisten pesäpallo-ottelua ja jännittää ravituloksia. Isäni saapuessa Kimmo sanoo kimmomaisen velmuna, että jaha, Aslakki tuli!
Lokakuun lopulla Herran vuonna 2020 tulimme Kuolemanjärven rantaan. Mieleni kuljetti minut kesään 1981, Herran vuosi sekin. Leiriydyimme isän kanssa Inarissa Kuolemanjärven rantaan. Seuraavana aamuna piti olla tien varressa odottamassa postiautoa Ivaloon. Herätyskelloa meillä ei ollut, piti vain päättää, että

herätään 6.01, että ehditään. Heräsimme 6.01. Ehdimme
postiautolle.
  Muistikuva tuo kynänkärkeen sanat:

Kuljemme samaan suuntaan, samaa matkaa.
Näen selkäsi loittonevan
ja sitten häviät metsän peittoon.
Oksa rasahtaa saappaasi alla.
Kuulen kapustarinnan viluisen huikkauksen.
Jossain käy tuuli.
> *Jään vielä näille tulille*
> *Kuolemanjärven rannalle,*
> *kunnes minunkin täytyy lähteä postiautolle.*
> *Kilometrit ovat silloin kevyitä*
> *ja kuolema pilkkaa turhaan ihmisen lyhyitä*
> *askelia.*
> *Siihen asti maailma on näin,*
> *sen varjot, kipu ja kyyneleet.*
> *Valo ja kirkkaat vedet. Elämän syli.*

Purje on lokissa, tuuli hyvä. Kauhajoen poika on
kotona.

Jouni Paarlahden siunauspuhe.
Siunaamisen toimitti hänen poikansa, sairaalapastori
Teemu Paarlahti.
Kanttorina oli Petri Karaksela.
Lauluryhmä kamarikuoro Caménasta avusti.

Koulumies, kirjamies, musiikkimies

Jouni Ilmari Paarlahti (vuoteen 1957 Virtanen) syntyi vuonna 1936 Kauhajoella - "Lakialla" - **Yrjö** ja **Aili Virtasen** perheen kolmantena lapsena. Lapsuuskoti oli Päntäneen kylän Nirvan koululla, missä vanhemmat toimivat opettajina.

Koulu muodostui myös Jouni Paarlahden elämänuraksi. Hän opiskeli biologiaa ja maantiedettä Helsingin yliopistossa ja valmistui näiden aineiden opettajaksi. Työn ensiaskelten jälkeen matka jatkui Helsingistä Janakkalaan Turengin yhteiskouluun vuosiksi 1961–1968 ja edelleen Tampereelle kesällä 1968. Tampereella hän toimi kolme vuosikymmentä rehtorina, ensin vuodesta 1970 Tampereen tyttölyseossa (vuodesta 1974 Hämeenpuiston yhteislyseo) ja sittemmin Tampereen klassillisessa lukiossa vuodesta 1976 eläkkeelle jäämiseensä asti vuonna 2000.

Jouni Paarlahti teki päätyönsä ohessa uran oppikirjojen tekijänä, kustantajina Kirjayhtymä ja Weilin+Göös. Vuonna 1992 hänen yhdessä **Ismo Nuujan**, **Risto Palokankaan** ja **Risto Hamarin** kanssa tekemä *Kestävä tulevaisuus. Ympäristöopas* (Weilin+Göös) oli yksi kuudesta Tieto-Finlandian saajaksi ehdolle asetetusta teoksesta. Eläkepäivien työnä syntyi teos *Myrkkykasvit* (WSOY 2005).

Jouni Paarlahti oli ikänsä musiikkimies. Asuessaan Helsingissä hän oli mukana *Ylioppilaskunnan laulajissa*, harrastus jatkui Janakkalaan muuttamisen jälkeen *Hämeenlinnan mieskuorossa*. Tampereella Paarlahti liittyi ensin *Mieskuoro Laulajiin* ja jatkoi sitten kamarikuoro *Caménassa*, jota oli itse myös perustamassa. Myös *Händel-kuorossa* Paarlahti oli pitkään mukana.

Caména on levyttänyt joitakin Paarlahden tekstejä, kuten **Olli Vehkavaaran** säveltämät *Jumalan tulet* ja *Aurinkokello viisi.* Vehkavaara on säveltänyt myös tässä kokoelmassa julkaistut runot *Lumenvalkea maa (Joululaulu)* ja *Unen viipyessä (Laulu lapselle).*

Ammattikirjoittajan kynästä irtosi ajoin myös runoja, joista julkaistiin kokoelma *Niin minä maa sinua rakastin* (2014), ja joita on mukana myös teoksessa *Palstakirja - Neljän polven istutuksia* (2016), jolla juhlistettiin Paarlahden 80-vuotispäivää keväällä 2016. Vuonna 2018 ilmestyi vielä *Pihkan tuoksu ja toukat ja kesä - Viisi laulua elämänpuusta,* johon on koottu Paarlahden sävellyksiä ja laululyriikkaa.

Iän tuomat vaivat hiljensivät elämän viimeisinä vuosina. Oli aika luopua monesta - musiikki säilyi loppuun asti. Kutsu Lakian taivaan siniseen saliin tuli pyhäinpäivän aattona 30.10.2020 puolison ollessa läsnä. Kirjan kansi pantiin kiinni. Elämä oli tehty.

Jouni Paarlahti oli elämässään mukana monessa ja ehti jotakin saavuttaakin. Hänet tunteneet muistavat hänet kuitenkin miehenä, joka ei tehnyt numeroa itsestään tai tekemisistään. Ei kai tarvinnut. Kasvitieteilijän leposija on Tampereen Kalevankankaan hautausmaalla, sen 1500 puun huomassa.

Muokattu versio Aamulehdessä ja Helsingin Sanomissa julkaistusta muistokirjoituksesta.

Tämän kirjan teksteistä

Aurinkokello viisi koostuu pääosin aikaisemmin julkaistuista runoista.

Osio **Niin minä maa sinua rakastin** on julkaistu omana niteenään Teemu Paarlahden toimittamana vuonna 2014.

Aurinkokello viisi — Palstakirjan runot -osaston tekstit ovat teoksesta *Palstakirja. Neljän polven istutuksia.* Toim. Teemu Paarlahti. BoD 2016.

Kun sarkat pöytähän tuodaan — Laululyriikkaa sisältää tekstit, jotka on julkaistu Jouni Paarlahden säveltäminä teoksessa *Pihkan tuoksu ja toukat ja kesä — Viisi laulua elämänpuusta.* Toim. Teemu Paarlahti. BoD 2018. Myös *Palstakirjan runoihin* kuuluva *Tilia cordata* on mukana siinä.

Valikoitu hetki: aikaisemmin julkaisemattomia sisältää joukon Jouni Paarlahden kirjallisesta jäämistöstä poimittuja runoja, jotka ilmestyvät tässä ensimmäisen kerran.

Teemu Paarlahti: Purje on lokissa pitää sisällään puheen Jouni Paarlahden hautaan siunaamisessa Messukylän kirkossa 21.11.2020 ja aavistuksen muokatun version Aamulehdessä ja Helsingin Sanomissa joulukuussa 2020 ilmestyneistä muistokirjoituksista.

Sitaatit sivulla 5: Jouni Paarlahden runosta *Jumalan tulet* ja Teemu Paarlahden blogista *Paarlahden leveydeltä* 7.3.2021.

Tekstit ovat siinä muodossa kuin Jouni Paarlahti on ne kirjoittanut ja niihin on tehty vain joitakin toimituksellisia korjauksia.

SISÄLLYS